Écrire :

21 Erreurs Stupides

À Éviter *Absolument* Lors De La Rédaction De Votre Premier E-Book

Brandon Scott

Copyright © 2017, Brandon Scott. Tous droits réservés.

Table des matières

Introduction 7
Trois bonnes raisons d'écrire votre premier e-book 9
Pourquoi la plupart des e-books sont mauvais 13
Les erreurs de planification : comment détruire votre e-book avant même de commencer à l'écrire 15
Les erreurs d'écriture : comment perdre du temps, s'éparpiller et abandonner 23
La correction des erreurs : comment détruire un bon premier brouillon 29
Les erreurs de publication : comment vous assurer que votre e-book soit un flop instantané 37
Conclusion 47

"L'erreur est humaine. Persévérer est diabolique."

Proverbe latin

Introduction

Admettez-le.

Vous avez déjà pensé à écrire un e-book.

En fait, vous avez déjà imaginé la couverture.

Vous pouvez voir le titre principal et en-dessous, votre nom.

Et quand vous l'imaginez, vous ressentez une émotion de fierté.

Un e-book serait un grand pas pour vous.

Parce que, bien que les publications d'un blog soient une excellente façon d'exprimer vos idées, vous ne pouvez pas vous empêcher de penser et de ressentir que c'est bien trop peu, trop éphémère, trop léger même.

Alors qu'un e-book est quelque chose de plus important. Il est pris plus au sérieux. Il a plus de poids.

Et avoir un e-book avec votre nom sur la couverture vous fait passer de l'état de simple blogueur à quelque chose de bien plus impressionnant - un auteur.

Mais comment devenir auteur de livre électronique sans être victime des mêmes erreurs qui sabotent les tentatives de tant d'autres blogueurs ?

C'est ce que nous allons voir dans ce livre.

Trois bonnes raisons d'écrire votre premier e-book

Avant d'examiner notre liste d'erreurs, examinons brièvement pourquoi écrire un e-book n'est pas seulement attrayant pour de nombreux blogueurs, mais représente aussi une solution intelligente.

1) UN BON E-BOOK EST UN EXCELLENT MOYEN D'OBTENIR DE NOUVEAUX ABONNÉS

Votre liste de courrier électronique augmente-t-telle doucement, avec peut-être un ou deux nouveaux abonnés chaque semaine ... au mieux ?

La vérité est que les lecteurs hésitent à donner leur adresse électronique, même s'ils aiment votre contenu. Donc, ils peuvent avoir besoin d'un petit coup de pouce supplémentaire pour s'inscrire (vous pouvez même appeler cela un pot-de-vin).

Un e-book rempli d'un contenu précieux constitue une excellente incitation. Si vous pouvez offrir des informations gratuites pour lesquelles votre public serait même prêt à payer, vous verrez des améliorations spectaculaires dans vos taux d'inscription.

2) UN E-BOOK DE QUALITÉ VOUS PERMET DE GAGNER DE L'ARGENT DE VOTRE BLOG

Lorsque j'ai commencé à bloguer, il m'a fallu 11 mois d'écriture, de trois à cinq messages par semaine, pour obtenir un premier chèque AdSense de 100 €.

C'est parce que dans le monde réel, vous avez besoin d'un blog énorme pour générer de l'argent réel par rapport à la publicité.

L'année suivante, j'ai lancé un e-book qui m'a rapporté de quoi me rendre à une conférence (vols, billet, hôtel et tout le reste)... et cet e-book continue de se vendre aujourd'hui.

Si vous n'avez pas encore réussi à monétiser votre blog, un e-book peut le faire passer d'un hobby amusant à un véritable gagne-pain.

3) UN E-BOOK DE QUALITÉ VOUS POSITIONNE COMME UN EXPERT DANS VOTRE DOMAINE

Si vous souhaitez vous créer un nom dans votre domaine, un e-book est un excellent moyen de renforcer votre crédibilité et votre autorité.

En publiant sur Amazon, vous pouvez apparaître littéralement aux côtés de certains des plus grands noms de votre secteur d'activité.

En fait, vous pouvez même récolter plus d'avis et d'attention que beaucoup d'auteurs plus connus, mais qui sont simplement moins développés sur le Web.

Pourquoi la plupart des e-books sont mauvais

En surface, écrire un e-book semble relativement facile.

Beaucoup de blogueurs semblent capables de le faire, alors comment cela peut-il être difficile ?

En réalité, la plupart des e-books qui voient la lumière du jour sont mauvais. Très mauvais.

C'est parce que l'auteur moyen d'un e-book n'a pas la moindre idée du processus d'écriture d'un livre et qu'il ne bénéficie pas du soutien qu'un auteur traditionnel peut recevoir de son éditeur.

Mais produire un e-book de qualité est presque aussi difficile que de publier un livre traditionnel. Les bases sont les mêmes. C'est juste que vous devez tout faire vous-même.

C'est pourquoi éviter les erreurs que commettent la plupart des auteurs d'e-book quand ils débutent est d'une importance cruciale.

Les erreurs de planification : comment détruire votre e-book avant même de commencer à l'écrire

Malheureusement, vous pouvez facilement nuire à votre futur e-book avant même d'en avoir écrit un seul mot. J'ai personnellement connu deux flops spectaculaires en raison de la deuxième erreur sur la liste qui va suivre, et beaucoup d'autres m'ont coûté un temps précieux.

Évitez les fautes stupides que nous allons aborder à présent si vous ne voulez pas échouer et tomber au premier obstacle venu.

ERREUR n°1 : CHOISIR UN SUJET SUR LEQUEL VOUS SAVEZ PEU DE CHOSES

Si vous voulez créer un e-book de qualité, vous pouvez être tenté de choisir un sujet d'actualité, en pensant que c'est là où vous allez gagner de l'argent.

De même, lors de la création d'un formulaire d'inscription, certains pensent devoir inciter les lecteurs à disposer des dernières informations sur un sujet récent.

Et si vous publiez sur Amazon, il est facile de penser que vous devez cibler une catégorie parmi les plus populaires.

Mais choisir un sujet comme celui-ci est une GRANDE erreur.

Si vous connaissez peu de choses ou même rien sur le sujet que vous avez choisi, créer un e-book requerra de votre part une énorme quantité de travail. Vous devrez faire une quantité de recherche, interviewer des experts, et peut-être même payer un vrai spécialiste pour vous informer.

Comment le résoudre

Écrivez à propos de quelque chose que vous connaissez réellement - ce qui signifie en pratique lier votre e-book au sujet principal de votre blog. Vous économiserez non seulement de longues périodes de recherche, mais vous aurez également un auditoire prêt à lire votre e-book.

ERREUR n°2 : ÉCRIRE L'E-BOOK DONT VOTRE AUDIENCE A "BESOIN"

Je suis tombé dans ce piège moi-même (deux fois) et j'ai vu un tas d'autres blogueurs faire de même.

Cela se produit lorsque vous vous rendez compte qu'il y a un sujet à propos duquel vous savez que vos lecteurs ont besoin de réponses, et sur lequel vous savez également que vous pouvez écrire le livre parfait qui les aidera réellement.

Cela semble génial, mais les gens ne savent pas toujours ce dont ils ont besoin. Et votre idée de ce que c'est pourrait ne pas être la bonne.

Comment le résoudre

Ne donnez pas à vos lecteurs ce que *vous* pensez à propos de leurs besoin. Donnez-leur plutôt ce qu'ils veulent réellement.

Comment ? Faites un sondage et demandez à vos lecteurs de choisir entre trois ou quatre sujets d'e-books.

C'est aussi une bonne occasion de savoir combien ils seraient prêts à payer, qu'ils soient débutants ou plus expérimentés, et sur quelles questions spécifiques ils auraient besoin de votre aide.

ERREUR n°3 : PENSER COMME UN ÉCRIVAIN, PAS COMME UN ÉDITEUR

Planifier un ouvrage ne consiste pas simplement à décider ce que vous allez écrire et dans quel ordre vous allez l'écrire.

Lorsque vous décidez de créer un e-book, vous n'êtes pas seulement un écrivain, vous êtes également éditeur.

Si vous ne commencez pas à réfléchir maintenant à la façon dont vous allez vendre votre livre, qu'il s'agisse de le vendre pour gagner de l'argent ou simplement de vendre un concept à vos lecteurs, vous rencontrerez des problèmes plus tard.

Comment le résoudre

Rédigez votre argumentaire de vente au moment où vous planifiez votre e-book. Cela rendra votre e-book beaucoup plus attrayant et votre vie beaucoup plus facile lorsque vous procéderez à son lancement.

ERREUR n°4 : PRENDRE VOTRE STYLO (OU VOTRE ORDINATEUR) ET COMMENCER À ÉCRIRE

Après avoir fait une étude de marché et en avoir tiré de judicieuses conclusions, vous pouvez être tenté de commencer à écrire sur-le-champ.

Du calme.

Vous précipiter dans l'écriture à ce stade vous causera de sérieux problèmes en quelques jours. Vous vous retrouverez à répéter les choses, ou vous perdrez du temps à explorer des voies finalement inutiles.

Comment le résoudre

Planifiez votre e-book avant de commencer à écrire.

Cela signifie avoir un aperçu clair avec au minimum un titre pour chaque chapitre. Oui, cela peut sembler quelque peu ennuyeux, mais cela facilite aussi l'écriture (et c'est plus amusant).

Pour autant, cela ne signifie pas ouvrir un nouveau document et rédiger un plan linéaire. Essayez plutôt le brainstorming libre, le mind-mapping ou l'utilisation de fiches, ce sont des alternatives créatives efficaces pour vous aider à avoir des idées et à les organiser.

ERREUR n°5: ESSAYER D'ÉCRIRE L'E-BOOK INDISPENSABLE

Pour votre premier e-book, vous pouvez être tenté de penser que vous devez produire l'ouvrage définitif sur le sujet traité, le seul dont votre public aura besoin.

Si cela ressemble à un bonne idée, demandez-vous ceci : "Qu'est-ce que je vais pouvoir offrir ensuite ?"

Il y a de fortes chances que vous n'écriviez pas qu'un seul e-book. Vous pouvez en écrire plusieurs dans la même série, ou vous pouvez rédiger un bref e-book de démarrage, gratuitement, afin d'en écrire un plus approfondi par la suite dans l'intention de le vendre.

Même si votre e-book est destiné à inciter vos abonnés à s'inscrire, pourquoi vos lecteurs reviendraient-ils sur votre blog si vous leur donnez tout ce dont ils ont besoin ?

Comment le résoudre

Reprenez votre sondage et déterminez les sujets dont votre public se soucie le plus. Concentrez-vous sur ceux-là. Si vous avez beaucoup d'idées supplémentaires, super ! Notez-les quelque part et utilisez-les pour votre prochain e-book. Ou explorez-les dans un article détaillé de votre blog.

Si vous manquez par inadvertance quelque chose de crucial, vous le découvrirez quand vous recevrez des commentaires, et vous pourrez toujours ajouter une nouvelle section ou un nouveau chapitre pour aborder ce point.

Les erreurs d'écriture : comment perdre du temps, s'éparpiller et abandonner

Certains blogueurs aiment le processus de rédaction d'un e-book, d'autres trouvent cela difficile.

Mais quels que soient vos sentiments à propos de l'écriture, les erreurs qui suivent peuvent sérieusement réduire vos progrès... et peut-être même vous faire abandonner tout à fait.

ERREUR n°6 : COMMENCER PAR L'INTRODUCTION

Bien que ce soient les premiers mots de votre livre, ce n'est certainement pas par l'introduction qu'il faut commencer à écrire.

Il est en effet difficile de savoir ce qu'il faut y inclure tant que vous n'avez pas rédigé la plus grosse partie de votre livre. Ne vous en préoccupez pas à ce stade.

Si vous essayez de commencer par l'introduction, vous finirez souvent par écrire beaucoup plus que vous ne le souhaitiez au départ. Et soyons honnêtes, aucun lecteur n'apprécie spécialement une longue introduction. Ce qu'ils veulent, c'est plonger dans le cœur du sujet et obtenir du contenu réel et concret.

Comment le résoudre

Ne commencez pas par l'introduction. Commencez par le premier chapitre. Une fois que vous aurez rédigé le reste de votre livre, vous saurez ce qu'il faut mettre dans l'introduction.

En outre, beaucoup de matériel "introductif" peut se trouver à l'arrière du livre. Je recommande vivement d'avoir une section "À propos de l'auteur" au dos de l'ouvrage, car c'est une excellente occasion d'orienter les lecteurs vers votre site Web, votre liste de diffusion, etc.

ERREUR n°7 : N'ÉCRIRE QUE LORSQUE VOUS LE SENTEZ

Bien que votre e-book soit probablement un projet important pour vous, il est parfois difficile de trouver le temps nécessaire pour travailler régulièrement.

Mais si vous n'écrivez pas de façon régulière, vous ne générerez jamais l'élan dont vous avez besoin pour aller au bout. Une erreur fréquente consiste à commencer par écrire durant quelques heures, faire quelques jours ou quelques semaines de pause… et ne jamais se remettre à l'ouvrage.

Comment le résoudre

Vous n'avez pas à écrire des milliers de mots en une séance. Vous pouvez rédiger un court chapitre chaque semaine, sans faute, et terminer votre e-book en quelques mois.

Réservez un temps d'écriture chaque jour, ou plusieurs fois par semaine, pour travailler sur votre e-book. Vous pouvez également essayer la technique Pomodoro (écriture durant 25 minutes, pause de 5 minutes) pour gérer votre temps plus efficacement lors de courtes séances d'écriture. N'importe qui peut écrire durant seulement 25 minutes.

Si vous pensez avoir un problème avec la gestion du temps, réglez-le maintenant, cela sera payant dans les années à venir.

ERREUR n°8 : LAISSEZ L'ÉDITEUR EN VOUS PRENDRE LE PAS SUR L'ÉCRIVAIN

Si vous écrivez régulièrement, que vous savez rester concentré mais que vous constatez que vous progressez lentement, vous essayez probablement d'éditer pendant que vous écrivez.

Par exemple, vous tapez quelques paragraphes, puis vous changez d'avis et vous les supprimez. Ou vous vous arrêtez sur chaque phrase pour effectuer des ajustements mineurs.

C'est un frein important à votre productivité en tant qu'écrivain.

Comment le résoudre

Même si vous changez d'avis sur un paragraphe ou même sur une section complète, laissez-les en l'état pour le moment. Notez-le simplement pour plus tard. Il se peut que, lors de la relecture, vous constatiez qu'en fait, ce que vous avez rédigé au départ fonctionne parfaitement.

ERREUR n°9 : ARRÊTER JUSTE AVANT QUE ÇA NE DEVIENNE FACILE

Après avoir travaillé sur votre e-book pendant des semaines, voire des mois, vous pouvez constater que vous n'avez pas fait les progrès que vous aviez espéré.

Quelle que soit la cause du problème (maladie, charge de travail, etc.), vous vous êtes heurté à un mur. Vous n'êtes même pas à mi-chemin du projet, et il y a encore un long chemin à parcourir.

Lorsque vous faites un constat comme celui-ci, il est assez tentant de renoncer. Pour "réduire vos pertes", vous laissez votre projet de livre électronique abandonné sur votre ordinateur.

Mais c'est une énorme erreur parce que c'est souvent le signe que les choses vont devenir plus faciles.

Comment le résoudre

Forcez-vous pour atteindre le point intermédiaire. Une fois que vous êtes à mi-chemin, l'élan naturel se met en mouvement et s'accélère lorsque vous approchez de la fin.

Assurez-vous de vous rappeler votre motivation initiale : qu'est-ce que cela va vous apporter, à vous et votre blog ? Comment votre e-book aidera-t-il vos lecteurs, les gens avec lesquels vous vous êtes familiarisés et qui vous intéressent ?

La correction des erreurs : comment détruire un bon premier brouillon

Bien que vous ne passiez probablement pas autant de temps à éditer votre livre que vous n'en avez passé à l'écrire, c'est à ce moment que votre e-book prend vraiment forme.

L'édition fait toute la différence entre un livre qui est simplement «correct» et un livre de type professionnel, aux finitions soignées et qui met votre travail en valeur.

Éviter les erreurs suivantes permettra à votre e-book de devenir le chef-d'œuvre qu'il mérite d'être.

ERREUR n°10 : NE PAS FAIRE DE PAUSE ENTRE LES DIFFERENTES PHASES

Bien qu'il soit important de ne pas abandonner votre e-book après le premier brouillon, vous n'avez pas besoin de vous précipiter dans le processus d'édition. Certains écrivains plongent directement dans la phase d'édition, mais il est difficile d'obtenir une bonne perspective à ce stade et cela peut conduire à l'épuisement.

Comment le résoudre

Laissez votre e-book "reposer" pendant au moins quelques jours (et de préférence une semaine complète) avant de commencer l'examen et l'édition. De cette façon, vous le reprendrez avec un regard frais et une nouvelle perspective. Vous pourrez voir ce qui est bien et ce qui nécessite un peu plus de travail.

Avec un peu de distance, vous pourrez voir votre travail du point de vue du lecteur, pas de l'écrivain.

ERREUR n°11 : PERDRE VOTRE TRAVAIL

Beaucoup d'auteurs d'e-books commencent le travail d'édition en utilisant le même fichier qu'ils ont utilisé pour l'écriture - par exemple, MonEbook.doc.

Bien que ce ne soit pas toujours un problème, il peut être sérieusement frustrant de supprimer quelque chose que vous souhaitez remettre plus tard.

Pire encore, si vous supprimez ou perdez le fichier initial, ou qu'il se trouve corrompu, tout votre précieux travail peut disparaître à jamais.

Comment le résoudre

Pour chaque nouveau brouillon, créez une nouvelle version de votre fichier - MonEbookV2.doc, MonEbookV3.doc et ainsi de suite. Faites des sauvegardes régulières. Vous pouvez également vous envoyer de temps en temps par e-mail une copie de la dernière version.

ERREUR n°12 : SE CONCENTRER SUR LES DÉTAILS PLUTÔT QUE SUR L'ENSEMBLE

Si vous commencez votre relecture en vous concentrant sur des fautes de frappe et autres détails mineurs, vous risquez de manquer des problèmes beaucoup plus importants.

En vous concentrant sur les micro-détails, vous ne pouvez pas voir – et résoudre- les problèmes majeurs ou simplement plus important - comme "Le chapitre 12 est trop court" ou "Le chapitre 6 devrait venir après le chapitre 9." Cela nécessite souvent un peu de perspective.

Comment le résoudre

Lisez intégralement votre e-book, de préférence en format .pdf, sur papier ou sur votre tablette, avant de commencer le travail d'édition.

En d'autres termes, lisez-le dans un format où vous ne pouvez pas procéder à de petits changements et qui vous incite à vous concentrer sur l'image globale.

Prenez note des problèmes que vous devez résoudre, comme les chapitres dans le mauvais ordre, les informations répétitives, les digressions qui doivent être supprimées et les nouvelles sections que vous souhaitez ajouter.

ERREUR n°13 : PENSER QUE VOUS N'AVEZ PAS BESOIN D'UN ÉDITEUR

Lorsque vous avez travaillé sur un projet durant plusieurs mois, voir vos erreurs peut être difficile, qu'il s'agisse de la vue d'ensemble ou de petits détails, comme des mots manquants ou des apostrophes mal placés.

De nombreux auteurs débutants sont trop inexpérimentés pour connaître la valeur d'un éditeur ou s'imaginent que c'est un luxe qu'ils ne peuvent pas se permettre.

Même si vous n'êtes pas en mesure de payer pour une révision complète, cela ne signifie pas que vous devez le faire seul.

Comment le résoudre

Envisagez de payer un éditeur pour examiner seulement les premiers chapitres de votre e-book. Les nombreux problèmes identifiés par l'éditeur se répéteront probablement tout au long du livre et vous pourrez les résoudre une fois que vous savez ce qu'il faut chercher.

Vous pouvez aussi recruter des bénévoles pour vous aider dans cette tâche ou vous pouvez demander à vos lecteurs ou aux membres de votre blog, mais soyez prêt à offrir quelque chose en retour !

ERREUR n°14 : EMBAUCHER LE PIRE RELECTEUR DU MONDE

Une fois que vous avez apporté les modifications majeures nécessaires et avez intégré les suggestions de vos relecteurs, votre livre est presque terminé.

Mais avant qu'il ne soit prêt à être publié, vous devez faire au moins une relecture complète pour détecter les fautes de frappe ou les erreurs restantes.

Eh bien ! sachez que vous êtes probablement la pire personne pour corriger ces erreurs car le contenu et sa mise en page vous sont devenus tellement familiers que vous risquez même de manquer les fautes de frappe les plus évidentes – ce que ne ferait pas une tierce personne.

Comment le résoudre

Si vous pouvez vous offrir les services d'un correcteur professionnel, ou si vous avez un ami compétent qui peut vous aider, c'est parfait.

Si vous devez faire vous-même la plupart ou la totalité de vos corrections, voici le secret : ne corrigez pas votre e-book tel que vous l'avez écrit. Essayez de modifier le style et la taille de la police et imprimez-le, ou lisez-le sur une tablette. Vous serez surpris de constater combien les erreurs se révèlent d'un coup.

ERREUR n°15 : LAISSEZ S'EXPRIMER LE PERFECTIONNISTE ET LE PROCRASTINATEUR EN VOUS

La qualité est importante, mais si vous êtes en train de réviser votre cinquième épreuve et que vous passez dix minutes à débattre pour savoir si une phrase particulière a besoin ou non d'une virgule, vous perdez du temps.

Même les livres des grandes maisons d'édition comportent des erreurs de temps à autre. Vous ne l'avez peut-être jamais remarqué car, comme chaque lecteur, vous ne scrutez pas chaque mot.

Comment le résoudre

Donnez-vous un délai pour terminer la phase d'édition, et acceptez le fait que corriger 99 pour cent de vos erreurs soit suffisant.

Ne vous inquiétez pas de la possibilité qu'une faute de frappe soit toujours présente. Les lecteurs ne le remarqueront probablement pas, et si quelqu'un signale une erreur particulièrement flagrante après la publication, il est simple de mettre à jour votre e-book.

Les erreurs de publication : comment vous assurer que votre e-book soit un flop instantané

Vous pouvez établir un plan magnifique, écrire un e-book de grande valeur et le polir jusqu'à ce qu'il brille, mais si vous gâchez sa publication, vous n'obtiendrez pas les résultats que vous méritez.

Évitez les erreurs suivantes, et vous vous donnerez les meilleures chances possibles de réussite pour votre e-book.

ERREUR n°16 : FIXER A L'AVANCE LE FORMAT DE VOTRE E-BOOK

Même si vous avez commencé la rédaction de votre e-book avec un objectif spécifique en tête, assurez-vous de réexaminer vos options une fois que vous l'avez terminé.

Un e-book qui a commencé sa vie en tant que simple incitation pour vos abonnés peut au final se révéler un excellent produit en lui-même, ou servir de tremplin pour faire connaître votre expertise sur la boutique Kindle.

Si vous ne considérez pas qu'il puisse au moins exister d'autres options, vous risquez de manquer d'énormes opportunités.

Comment le résoudre

Selon la destination finale de votre e-book, différentes options d'édition sont disponibles :

- Si vous distribuez votre e-book pour inciter vos lecteurs à s'inscrire sur votre liste de messagerie, alors un format .pdf est simple et direct.
- Si vous positionnez votre e-book comme un produit haut de gamme (par exemple, s'il coûte au moins 10 €), vous pouvez également créer simplement un .pdf mais vous pouvez également proposer des formats .epub et .mobi. Vous pouvez également inclure du matériel bonus multimédia sur une page Web protégée par mot de passe (par exemple des interviews audio, des courts-métrages vidéo, etc.).
- Si vous publiez votre e-book sur les sites des principaux libraires en ligne, vous aurez besoin d'un prix plus bas (généralement 9,99 € ou moins) et de

publier votre fichier dans le format approprié suivant la plateforme.

Enfin, ne pensez pas qu'une option particulière soit correcte pour votre e-book simplement parce que c'est ce que d'autres blogueurs font.

ERREUR n°17 : UTILISER LE PREMIER TITRE QUI VOUS VIENT A L'ESPRIT

Tout comme un titre d'article de blog, un titre d'e-book doit attirer l'attention. Ce sera la première et peut-être la seule chose que votre lecteur potentiel verra.

Lorsque j'ai écrit mon premier e-book, j'ai d'abord pensé lui donner comme titre "Écrire du contenu pour votre blog". Après tout, c'est de cela qu'il s'agissait ! Mais ce n'est pas vraiment sexy, il faut bien l'avouer.

Un ami m'a aidé à trouver de meilleurs titres. Nous sommes finalement tombés d'accord sur "Le guide du blogueur pour écrire efficacement"... un titre beaucoup plus fort et plus convaincant.

Comment le résoudre

Si vous aviez un titre à l'esprit dès la phase de planification, il est temps à présent de déterminer s'il est toujours approprié. Vous pouvez demander aux lecteurs de votre blog de voter parmi différents titres, afin de savoir quel est le plus convainquant.

Il en va de même pour le titre figurant sur votre page de vente - vous voudrez probablement mettre quelque chose d'un peu plus intrigant que le simple titre de votre e-book.

ERREUR n°18 : CRÉER VOUS-MÊME VOTRE COUVERTURE

Que cela vous plaise ou non, gardez à l'esprit que chacun juge les livres sur leurs couvertures.

Sauf si vous êtes graphiste professionnel, créer vous-même votre propre couverture est généralement une erreur.

Votre e-book fera amateur et les lecteurs ne l'achèteront pas.

Cela est particulièrement vrai si vous vendez votre e-book sur Amazon (ou d'autres plateformes de livres électroniques) où la plupart des lecteurs potentiels ne vous connaissent pas.

Comment le résoudre

Si vous pouvez vous le permettre, embaucher un designer. C'est un investissement crucial, et vous vendrez probablement assez d'exemplaires supplémentaires pour gagner plus que ce que vous aurez payé pour le travail du designer.

Mais si vous voulez vraiment créer votre couverture vous-même, faites quelque chose de simple et direct, et prenez le temps d'étudier des exemples de bonnes et de mauvaises couvertures.

ERREUR n°19 : NE PAS METTRE DE LIENS VERS VOTRE BLOG

Votre e-book peut être le premier contact des lecteurs avec vous (s'ils l'ont acheté chez Amazon par exemple). Et même ceux qui ont téléchargé votre e-book à partir de votre blog peuvent oublier où ils l'ont obtenu.

Le fait de ne pas relier votre e-book à votre blog est une erreur. Vous manquez une occasion d'emmener de nouveaux abonnés vers votre liste de diffusion ou vers une liste distincte qui indiquera à vos lecteurs actuels la date de sortie de votre prochain livre.

Comment le résoudre

Incluez une section à l'arrière de votre e-book -après "À propos de l'auteur"- qui permette à vos lecteurs de savoir où vous trouver en ligne.

Assurez-vous de mettre le lien vers la page de souscription, la page de vente de votre prochain livre ou même votre profil sur les réseaux sociaux.

Il est également important de donner à vos lecteurs un moyen simple de vous envoyer des commentaires sur votre livre, comme une adresse email dédiée ou un lien vers une page de contact.

Et n'ayez pas peur d'insérer des liens vers du contenu pertinent issu de votre blog dans le corps même de l'e-book.

ERREUR n°20 : IGNORER LE POUVOIR DES RÉSEAUX SOCIAUX

Même si un lecteur vous connaît déjà, il ne croira pas nécessairement que votre e-book est bon jusqu'à ce qu'au moins une personne ait laissé un avis.

J'ai fait cette erreur : j'ai lancé le quatrième tome d'une série dans la précipitation. Il ne s'est jamais vendu aussi bien que les autres, car malgré mes recherches, j'ai choisi un sujet douteux. Aujourd'hui, trois ans plus tard, je me rends compte que je n'ai pas réussi à avoir un seul témoignage sur la page des ventes.

Que votre e-book soit disponible à l'achat ou simplement offert en cadeau pour les nouveaux abonnés, les gens ne croiront probablement pas à sa valeur tant qu'ils n'auront pas lu les témoignages d'autres personnes l'ayant trouvé utile.

Et si vous êtes dans un créneau qui est connu pour receler en son sein quelques ouvrages décevants, ou un créneau où les e-books sont rares, alors ne pas fournir de critique, de "preuve sociale", est une erreur encore plus grande.

Comment le résoudre

Soyez proactif : envoyez des copies de votre e-book aux blogueurs dans votre créneau et à tous les lecteurs de votre blog qui commentent régulièrement ou qui vous ont récemment contacté par mel. Ajoutez les commentaires positifs à votre page de vente et, si possible, utilisez les photos des critiques pour augmenter la crédibilité des témoignages.

Et si vous le pouvez, envoyez vos copies avant de lancer votre e-book - de préférence au moins quelques semaines auparavant. Cela donne aux gens la possibilité de lire votre livre et de rédiger une critique qui sera prête pour son lancement.

ERREUR n°21 : FAIRE COMME SI VOTRE E-BOOK N'ÉTAIT PAS IMPORTANT

Beaucoup de blogueurs sont mal à l'aise à l'idée de commercialiser leurs e-books. Ainsi, leur «lancement» consiste simplement à insérer un nouveau lien sur leur blog et à publier quelques messages discrets sur les réseaux sociaux.

Mais même le meilleur e-book finira par se flétrir et mourir sans une bonne promotion.

En vérité, si vous n'êtes pas prêt à commercialiser votre e-book lorsque le dur travail d'écriture est terminé, vous avez essentiellement perdu votre temps et vos efforts.

Comment le résoudre

Vous êtes fier de votre nouvel e-book, n'est-ce pas ? Alors commencez à agir avec cet état d'esprit. Si vous ne ressentez pas de fierté concernant votre travail, reportez-vous aux phases d'écriture et d'édition vues précédemment jusqu'à ce soit le cas.

Malgré toutes les idées préconçues, vous pouvez effectivement monétiser votre blog sans passer pour un vendeur de voitures d'occasion.

Voici comment :

Mélangez vos messages promotionnels avec beaucoup de contenu utile et intéressant.

Si vous donnez aux gens des informations utiles en même temps que vous faites la promotion de votre e-book, vous n'aurez pas l'impression d'être un vendeur agressif.

Si votre e-book est sur Amazon, vous pouvez créer du buzz en laissant la possibilité de le télécharger gratuitement pendant de courtes périodes.

Si c'est votre premier e-book, assurez-vous d'en parler à votre liste d'abonnés et envisagez de leur offrir une réduction.

Rédigez des commentaires en tant qu'invité sur les blogs populaires dans votre créneau et orientez les lecteurs vers une page dédiée aux inscriptions ou vers la page de vente de votre e-book.

Vous pouvez même essayer de faire quelque chose de plus intéressant et innovant, comme créer des vidéos, offrir des bonus spéciaux ou faire participer les lecteurs.

Conclusion

Quand allez-vous faire le saut de blogueur à auteur ?

Vous pouvez commettre beaucoup d'erreurs sur le chemin menant à la publication de votre premier e-book, mais les récompenses potentielles sont exceptionnelles.

Vous pouvez obtenir plus d'abonnés pour votre blog, plus d'autorité dans votre créneau et même gagner plus d'argent grâce à votre écriture.

Et maintenant que vous connaissez les erreurs les plus courantes, vous pouvez les éviter facilement.

Mais de toutes les erreurs que vous pouvez faire, une les supplante toutes.

Ne même pas essayer.

Ou vous dire que vous allez écrire votre e-book "un jour".

Mais vous ne ferez pas cette erreur, n'est-ce pas ?

Alors prenez votre calendrier, focalisez-vous sur la semaine prochaine et choisissez une journée pour commencer.

Parce qu'en seulement un mois ou deux, vous pouvez facilement finir un e-book... celui qui pourrait faire exploser votre liste de diffusion, vous positionner comme un expert ou commencer à générer des revenus réguliers.

Quand votre voyage en tant qu'auteur débutera-t-il ?

www.ingramcontent.com/pod-product-compliance
Lightning Source LLC
Chambersburg PA
CBHW072301170526
45158CB00003BA/1133